JN440716

바다를 두드려
음표를 그려봐

바다를 두드려 음표를 그려봐

오선민 시집

책나무출판사

시인의 말

오랜 기다림 끝에
설렘과 기쁨과 두려움으로
열심히 돌보고 가꾼 저의 분신들
세상 밖으로 보냅니다.
첫 시집을 내면서
지난 시간 시를 위해
애써 왔던 기억을 돌이켜봅니다.
시에서 위안을 받고
시에서 행복을 느꼈던 것처럼
시와 함께 살고 싶습니다.
모든 분의 평안을 빌며
감사를 드립니다.

2021년 늦봄, 뮤지엄산 아래에서

오선민

목차

1부

2부

3부

4부

1부

녹슨 자화상

겁 없이 거울 속으로
들어가 앉아 바라본다
헝클어진 머리카락이 시간에 닿아
차가운 유리에 씨줄 날줄로 엮인다

녹슨 거울 속에 갇혀 있는
순한 여인의 눈 속에
은사시나무 가지를 흔드는
바람이 보인다

썼다가 지워버린 생각들이
물거품 되어 되돌아온다
머리 흔들어 날려 보내도
발밑에 허연 배 드러내고 눕는다

너는 서랍 속 기억을 꺼내놓고
까르르 웃고
나는 녹슨 거울 속
시간 위를 걸어간다

부석사 천왕문

일주문 지나 천왕문 앞에 서서
잠시 주춤거리는 나를 발견한다
금방이라도 천지가 떠나갈 듯
호통치는 사천왕의 목소리
선뜻 발을 들이지 못한다

속세에서 끌고 온
죄의 씨앗들이 뇌리를 스치고
나도 몰래 두 손을 가지런히
합장한다

가진 이들의 욕심으로 유람선이 가라앉고
세계는 팬데믹에 휩쓸리고
하늘에다 미사일 쏘는 놀이를 하는 이들
화가 난 사천왕 치켜세운 방망이
내 몸은 쪼그라들어
무량수전 앞으로 다가간다

백팔 배 올리면 죄가 줄어들까
번뇌에서 깨어날 수 있을까

땀 맺히고 무릎에 멍들도록
조아리고 조아리다가
숨통이 트여 앞을 보니
허공에 떠 있는 커다란 돌

돌 위에 떨어지는 배꽃 잎들
모시 적삼 날개옷 입고 내려앉은 흰나비
꽃잎과 마주하는 순간
어지러운 시간을 지우며
떠 있는 돌 위로 흰나비 사뿐 오른다

흐르는 것이 세월뿐이랴

물만 흐르는 줄 알았더니
네거리 차들이 흘러가고 있다
물결처럼 흔들리며
때론 빠르게
때론 느리게
흐느적거리며 춤을 추고 있다
갈잎 냄새나는 낙엽을 모아
모닥불을 피울 때면
불빛이 하늘로 흘렀다
하늘의 별빛도 땅속으로 흐르고
모든 것 태워 없애버릴 것 같은 불볕도
푸르고 넓은 바다로 흘러 들어온다
세상을 끌어안은 바다는
내 뜨거운 심장 속으로 흐른다
가슴속 깊이 숨겨 두었던 사랑도
춤추며 흐르고 있다
세월만 흐르는 것이 아니라
사람들 모두 공간 속으로 흘러가고 있다

파도와 춤추다

어둠과 몽환, 해일이었다
헤매던 모래밭 조개들의 무덤
발끝 베어 묻어나는 선홍빛 물
서서히 밝아오는 여명의 빛
밀려오는 파도는
어쩌면 이곳 육지에서 밀어내는 껍데기일지 모른다
욕망, 좌절, 분노를
돌돌 말아 자꾸만 바다로 쓸어 넣는다
거부하며 바다가 토한다
거품 물고 모래밭에 파도가 쓰러진다
바다가 춤을 춘다
너울에 맞춰
어깨춤을 추는 떠돌이다
버선발 마중하는 내 고향 집
태초였다, 그곳 바다는

강가에서

가슴이 시리고 아픈 날
강물을 따라 걷습니다
누군가를 미워하는 마음은
흐르는 물속에 던져 버리고
아무 생각 없이 걸어봅니다
어디서부터 시작되었는지
알 수 없는 물길처럼
내가 가는 이 길도 알 수 없습니다
끝나지 않을 것 같은 이 물길처럼
내 길도 끝나지 않을 것 같다는
헛된 생각이 멈추지 않습니다
강물 속을 알 수 없듯이
내 마음도 모르겠습니다
걷다가 주저앉아 애꿎은 돌팔매질만 합니다
자그마한 돌덩이 하나 집어 들다가
그만 내려놓습니다
그 돌이 나인 것 같아서
강물 속에 던져지는 나인 것 같아서요

추억을 외면하다

새벽 운동길에서
옛 추억을 만났다

길옆 아카시아
등 토닥이며
향기를 주고

수줍은 찔레꽃
앉아서
웃음을 던져주고

아득한 기억 속에
바람이 분다
잊었던 얼굴이 지나간다

난 너를 몰라
고개 돌려 추억을 외면한 아침
스치는 바람이 쓰다

이방인

근린공원 한구석
벤치에 앉아 생각에 잠긴다

다정히 손을 잡고 걷고 있는 사람
귓속말을 속삭이며 조용히 미소 짓는 사람
아기를 안고 걸어가는 젊은 부부
손자의 손을 잡고 걷는 할머니
파릇한 소녀들의 웃음소리

나는 지금 무엇을 하고 있는 것일까
아무리 생각해 보아도
알 수 없는 이 순간이
예전에 있었던 일 같고
또 그 예전에도 이렇게 앉아
저들을 바라본 적이 있는 것 같은
낯설지 않은 모습의 내가 보인다

섞이려 하면 할수록
둥둥 떠오르는 생각들
가까이 가려 하면 할수록

멀어져가는 마음
이렇게 공원에 앉아 있는 것이
마치 내 일인 양
누가 볼까 봐 숨도 안 쉬는 척했다
깊은 생각에 잠겨
어지러운 눈동자만
돌리고 있었다

하루

얼마만큼이 하루인지
갑자기 궁금해지는 지금
하늘도 하루가 있는지
땅도 하루가 있는지

있다면 그 하루는
얼마만큼의 시간이라 할 수 있는지
내가 잠자는 그 시간도 하루
깨어있는 그 시간도 하루인지

하루살이의 일생이
나의 하루와 같다면
하루 동안 생로병사 겪는지
희로애락도 느끼는지

보이지 않을 만큼 작은 점들로
이어진 시간이 하루라면
셀 수 없는 많은 점이
하루라면

하루살이 하루도
내 하루도 모두 점
그 점들이 모여 하루가 되는 것
그 하루가 삶이 되는 것

풀

사각사각 소리 나는
조릿대쯤 되는 줄 알았다
이 세상에 발 디딜 때
숙명처럼 그렇게
살아가라고 한 줄 알았다

언제인가부터 몸이 이상했다
튼튼해야 할 기둥이 앙상해지고
바람이 불 때마다 이리저리 흔들리고
어느 땐 가녀린 몸이 뽑혔다

이게 아니라고
보란 듯이 몸을 일으켜 세우지만
자꾸만 드러눕는 몸
의지는 점점 작아져 가고

삶의 옹이가
마디마디 서럽던 날
우우, 소리 내며 일어서던
풀이었다

사과꽃 사랑

사과꽃이 빨간 燈으로 눈을 뜨고 있다
저 燈 하나 따서 방 안에 걸어두면
내 의식이 환해질까

달이 조용히 내려앉는 밤
지나간 시간으로 촘촘히 그물을 엮어
서랍 속 깊숙이 넣어둔 기억을 낚는다

달빛 속을 걸어 나오는 그림자 하나
안개비 내리는 가로등 아래
흑백사진 속 네 발자국 눈동자에 박힌다

다시 사과꽃 燈은 눈을 뜨고
여전히 의식은 희미하고
너의 웃음 닮은 燈이 아프게 밝다

공원의 그들이 수상하다

늦은 저녁 공원 안
붉게 충혈 된 눈
꽉 다문 입
두 주먹 불끈 쥔
그들이 수상하다

똑같은 걸음걸이
똑같은 보폭
똑같은 행렬로 줄지어 돌고 있는데
벌건 대낮에는 뭘 하다가
해 저문 이 시간에
저리 돌고 있을까

속죄하는 마음으로
열 번 스무 번
동그란 원을 돌며
비척비척 걷고 있는 것일까

좀비처럼 돌고 있던
그들의 눈이

희번덕거린다

아무래도 공원의 그들이 수상하다

해국

바닷가 암벽 틈새에
키 작은 해국 무리
가던 걸음 멈추고
멀리서 바라본다

온종일 철썩이는 파도 소리
거칠게 불어오는 바람
세상의 시끄러운 소리
태풍 몰아오는 소용돌이 속에서도
묵묵히 견뎌내고

키 낮추고
바위틈으로 파고들어
잎을 틔우고
꽃을 피우고

활짝 핀 얼굴로
나를
내려다보고 있는 너

해맑게 웃는 보랏빛 웃음소리에
순간 내 마음 들킨 듯
부끄러워 붉어진 얼굴을
바닷가 모래알로
오래도록 씻어내고 있었다

넌 어느 별에서 왔니

어렸을 적 내 꿈은
이사도라 덩컨 같은
무용수가 되고 싶었지
춤을 추듯 순간을 살고 싶었지

모든 것은 찰나에 지나지 않는 꿈
루돌프 누레예프처럼 괴물이 되어도 좋아

아마도 난 어느 별나라 왕자였음이 틀림없어
수많은 저 별 중에
난 어느 별에서 왔을까

찾을 수 없어
돌아가고 싶어
나의 별로,
멈추지 않는 맨발의 춤을 추며

잠두 마을

늙은 엄마 젖가슴 같은 산을 올라
아무리 둘러보아도 뽕나무는 없고
유자나무와 소나무, 진달래뿐

멀리 보이는 바다 위로 지나가는 배 한 척 고즈넉하다

팔십 평생 허리 굽어지도록
살아오신 어머니
누에처럼 뽕잎만 먹어 푸른똥을 누고
고치 되어 실만 뽑으셨나 보다

번데기로 변해버린 까칠한 손으로
일곱 남매 먹이려
아직도 누에처럼 실을 뽑으시는 어머니
오늘 밤은 나비 되어 하늘을 나는 꿈을 꾸실까

잠두 마을* 언덕에는
내 마음속 뽕나무가 자라고 있다

*잠두 마을: 전라남도 고흥군 도양읍 용정리 잠두 마을

23-56

이사한 곳의 주소는 23-56
국립 이천 호국원 묘역
새로 받은 번호는
23662311

햇빛이 소나기로 쏟아지는 오후
가슴에 사금파리로 박힌
훈장 하나
우직하게 살고 싶은 마음이
여덟 개의 숫자로 되살아났다

시간은
깊은 산 속의 계곡물처럼
끝없이 흘러
굵어진 나무에 테 하나 입히고
계절을 타고 내려앉았다

무엇을 기대했던가
오늘도
어김없이 해는 뜨고 지고

계절마다 꽃은 피었다 시들고

2부

제비꽃 첫걸음

부러질 듯
가녀린 몸
나비 같은 잎 하나 틔운다

하늘의 물 다 받아먹고
꼼지락꼼지락 흙을 밀고
올라오는 저 여린 손

안간힘 쓰며 살아오느라
얼굴은 보랏빛으로 질려버렸어도
가냘픈 목 꼿꼿이 치켜세우고

허리춤에 쌀 포대 하나
덜렁 매달고
휘적휘적 봄 길을 나선다

바다를 두드려 음표를 그려봐

어쩌면 깊은 바다 해초들 사이로
작은 플랑크톤처럼 떠돌다
지금 여기에 너와 나 있는지 몰라

울고 있는 너의 등 뒤에서
말없이 바라보다
긴 머리 조심히 쓰다듬어 줄 뿐

나에게 다가오는 너를 밀쳐내
재빨리 바닷속으로
가쁜 숨 몰아쉬며 숨어 버리지

너와 나는
모래 속에 발이 묶여 뱅뱅 도는
날지 못하는 갈매기일지도 몰라

소리 내 울고 싶으면
바다를 두드려
금빛 펼쳐진 물 위에 음표를 그려봐

파도 소리에 맞춰
왈츠를 추면
노을 지는 수평선 위로 두둥실 배가 뜰 거야

뒷모습

지게의 등태는 닳지도 않아
생 전부를 어깨로 지고 가는 길목
그림자는 달에 젖는다

방 안에 덕지덕지 붙은 빨간 딱지
무거운 발걸음은
앞으로 한 발
뒤로 두 발자국
제멋대로 흔들린다
끝을 접기에는
아직 길은 멀리 있다

쪽지게 위에 얹힌 달을
조심스럽게 쓰다듬다가
내가 못 보는
내 뒷모습
안쓰러워
등이 자꾸 굽어지는 밤이다

소원 하나 묻어두고

카르길 고개를 넘어가다 보면
가장 높은 꼭대기에
알록달록 매달려 있는 타르초

내 소원 적어 올려놓으면
금방이라도 줄이 끊어질 것 같아
차마 올리지 못하고

펄럭이는 바람이 읽어
멀리 날아가 소원이 이루어지길
손 모아 기도하며

파투라 탑(Factful top)* 아래
살그머니 앉아
소원 하나 몰래 묻어두고 왔다

*파투라 탑(Factful top): 인도 스리나가르에서 레를 지나는 고속도로에서 4,108m로 가장 높은 지점.

섬

별의 날개로 쏟아지는 불빛
콘크리트 벽 속으로
나를 밀어 넣는다

저 아래 불빛 세상
그 속에
또 다른 내가 보인다

거대한 불빛들이
떼로 몰려가고 몰려오는
이 도시 속의 나는

어둠 속에서
불빛 속에서
콘크리트 벽 속에서

또 다른 초월을 꿈꾸는
오늘
홀로 떠 있는 섬이다

구절초

아버지 가시던 날 비가 내리고
파주 천주교 종로성당 묘지엔
구절초가 피었다

하얀 꽃 앉은 자리에
주저앉아 목 놓아 울던 어머니
어린 남매는 소매로 눈물 훔친다

어떻게 살아야 하느냐고
엄마가 온몸으로 울음을 토해낼 때
말없이 흔들리던 구절초

아홉 개의 마디
다섯 송이 꽃들은
쉼 없이 피고 지고

하얀 구절초가 필 때마다
아버지의 얼굴이 떠오르고
성당 묘지 언덕은 향기로 가득 차 있다

수수꽃다리

언제부터인가
머리카락에 서리가 집을 짓기 시작했다
머리를 흔들어 털어 버리려 했지만
끈질기게 달라붙는다
검은 먹물 칠을 해 보아도
어느새 본색을 드러내며 허옇게 웃는다
쫓아버리면 어느새 다시 나타나고
뽑으면 더 많이 생겨
내버려 두기로 했다
저도 나이 들어 오십인데
그 고집 내가 꺾을 수 없어
같이 살기로 했다
내 머리 위에 네가 앉아 편히 쉴
집을
내어 주기로 했다
나 하늘 집으로 돌아갈 때
집세 대신 하얀 수수꽃다리
한 아름 받기로 했다

마음아, 사람아

한여름 태양 같은 정열로
절절 끓는 사랑은 아니었어도
그렇게 저렇게 살아냈어
가슴 깊숙이
저리도록 아픈 기억 숨기고

그 아픔 고스란히 내 목을 타고 올라와
저 밑바닥부터 치밀어 올라
귀 뒤를 지나 머리끝까지 오르면
눈물 한 방울 보이지 않던 독한 사람이
꺼이꺼이 목 놓아 울더라

내 마음처럼 어둠이 내려오면
꽁꽁 언 도시로 나가
행여 내 마음 놓을 따스한 곳 없을까
기웃거리다가

마음아, 사람아
사랑이 무엇이더냐
그리움은 또 무엇이더냐

목욕

넓지 않은 탕 안
욕조 안에서 노모를 안고 있는 딸
노모는 아무런 표정 없이 딸에게 안겨 있고
딸은 아기에게 젖을 물리는 모양새로 엄마를 안고 있다

눈을 감고 입을 벌리고
말라버린 낙엽처럼 바스락 소리가 날 것 같은
그 얼굴에 딸은 뺨을 비비고 입술을 갖다 댄다
마른 풀 향기가 물 위에 번진다

걸음걸이도 잊어버리고
말도 잊어버린 엄마
아기가 되어버린 엄마를 안고
딸은 무슨 얘기를 하는 것일까

욕조 안에는 엄마와 딸,
피어오르는 물안개 속
아련한 물속에서의 유영(遊泳)
엄마 배 속 양수 같은 포근함에 눈을 감는다

순리

아버지의 아버지가
산이었어도
내 아버지에게는 동산이었듯

내 아이의 아이에겐
내가 산이어도
내 아이에겐 뒷동산이듯

물은 흘러
끝없이 흘러가
바다에 다다르듯

아버지의 아버지가
내 아버지가
내 아이의 아버지가

아무런 이유 없이
밑도 끝도 없이
믿어지는 마음

살다 보면

저녁노을 지는 창문 아래 앉아
빈 하늘을 바라본다
지금 내가 서 있는 이곳이
정말 내가 서 있어야 하는 곳인지
잘 모를 때가 있다

희미한 불빛이 비치는 터널 속을 달리듯
정신없이 달려 온 이 길이 낯설게 느껴진다
소꿉놀이하다 삐치면
나 이제 그만하고 집에 갈래 하면서
뒤도 안 돌아보고 집으로 뛰어가던 아이처럼
나도 그렇게 돌아가고 싶다

목젖까지 차오르는 말
아프도록 눌러 버리고
아무렇지도 않은 척 자리에서 일어나
창밖에 넝쿨이 감겨 있는 나무를 본다

산다는 것은 저 나무와 넝쿨처럼
서로 엉켜 감싸 안고 살아가는 것

살다 보면 가끔은
모든 것 버리고
어린 시절 내가 살던 집으로
돌아가고픈 날이 있다

능소화 1

뜨거운 햇빛
온몸으로 받으며 피어 있는
그리움 삭이다
혼자 서 있기도 힘들어
담장에 기대어 힘겹게 피는

하고픈 말은 깊이를 알 수 없고
귀 기울여 들어주는 것은 바람뿐
그리움이 가슴에 사무쳐
마지막 할 수 있는 일이라곤
몸속에 독을 지니는 것뿐

함부로 건들지 마라
독기를 품고 한낮 한순간
낙화하는 꽃
바람 손에 내 사연 쥐여 주고선
힘없이 툭,
떨어지는 꽃송이

능소화 2

고속도로 길가
담장에 기대선
주황색 능소화 꽃송이

그대 가시는 길목에서
잘 가시라
고개 숙여 인사한다

목메어 인사하다 그만
슬픔이 덩어리로 달려
통째로 떨어지는 꽃송이

길 위에 떨어져 뒹구는 꽃들
피다 만 설움 토해놓은 듯
눈으로 인사한 마지막 너의 모습처럼

잘 있으오
잘 가시오
인사 나누듯 떨어지는 능소화

비단길

조지라 계곡 지나 카르길로 가는 길목
좁고 구불구불한 길 따라
한쪽은 낭떠러지 한쪽은 푸석한 돌산
양 떼들 지나는 산비탈에서
굴러떨어지는 조그만 돌조각에
커다란 돌덩이가 무너져 내린다

천 길 만 길 낭떠러지 옆으로
병풍처럼 둘러쳐진 산 위에는
만년설이 남아 있다
그 밑으로 녹아 흐르는 물들이 만나
인더스강으로 흘러간다

지금은 차들이 다니지만
옛날에는 낙타나 말, 양, 야크 등이 다녔을
이 좁다란 길이
문명을 전해주고 전해 받았던 비단길

여전히 양 떼들은
산비탈에서 위태롭고

만년설은 녹아 흐르고
알치 곰파에는 노스님이 계신다

옴 마니 레드메 훔
옴 마니 레드메 훔
곰파에 펄럭이는 깃발
마니차를 돌리며
옛사람들이
아찔하게 계곡을 걷고 있다

기억과 시간

기억과 시간
그 사이
많은 지움과 씀 속에서
영글어 가는 나

지우고 싶다가도 쓰고 싶고
쓰고 싶다가도 지우고 싶은
아이러니한 시간 속에서
오늘을 또 살아간다

사람의 일은 모르는 법
한평생 쓰고 지워버린 것
얼마나 많을까

기억을 지우는 일은
사이를 얼마나 잘 비켜 가느냐는 것
시간을 사는 것은
사이를 얼마나 잘 쓰느냐는 것

3부

달이 차오를 때까지

솔바람 땀 식히는 고개 너머에
그대 얼굴 보인다

둥그렇게 꽉 차기까지
사연이 얼마나 많았을까
말로 다 하지 못하고
눈물 찍어 내지 못하고
가슴 찧어 퍼렇게 멍든 얼굴

끊임없이 공전하며
삶의 옹이도 도려내고
굳은살 박인 심장도 둥글게 깎고
비웠다가 채웠다가
삭망을 오간 세월

미처 채우지 못한 것들
너의 빛으로 하나둘
채워지기 시작하면
그때,
오롯한 금빛 얼굴 환하게 떠오르리

달 호수*

호수 위에는 그림처럼 구름이 떠 있고
데칼코마니 같은 보트 하우스가 줄지어 떠 있다
황금빛 내려앉은 산봉우리 위로
하얀 거울이 걸린 밤
문득 호수 위에 비친 달의 진실이 궁금했다

호수 위에 떠 있는 달은
그저 눈에 보이는 것일 뿐
달 속의 수많은 언어는 어디로 갔을까
호수는 가만히 있지 않았고
물고기가 튀고 배가 지나가고
나뭇잎이 떠가고
그 물살에 못 이겨 달의 진실은 어디로 숨었을까

배 위에서 낚시질하는 남자에게
낚싯밥으로 던져 주었을까
달빛 환하게 비추자
눈을 감추며 흰 이 드러내며 웃는 저들의
심장에 들어가 앉았을까

맑고 푸른 호수에
진실한 너를 풀어놓으라는 듯이
포투라 계곡 끝없는 낭떠러지 밑으로
너를 내려놓으라는 듯이
스리나가르의 달빛이 깊다

*달 호수(Dal lake): 인도 북서부 잠무카슈미르주의 스리나가르에 있는 호수.

자작나무

얼마만큼 걸어왔을까
굳은살은
나무의 껍질 속으로 들어앉고

시간은
보푸라기를 남기고
돌아선 등 뒤로
후드득 과거가 뜯겨 나간다

모닥불에
자작나무 타는 냄새
애써 눌러왔던 기억들이
파편으로 쌓인다

겹겹이 쌓여 있는 얘기들
하나씩 풀어내 던져주면
긴 그림자
어느새 내 곁에 와 있다

자작자작

불꽃이 꺼질 듯 사라졌다
다시 일어선다

이상한 각도

어떤 점이 있어
저걸 여기다 붙이면 될까
그 점을 잡아 오지

막상 붙이면
오각형도 아니고 사각형도 아니고
도대체 알 수 없는
이상한 도형이 생기지

각도를 잡다가
내가 이상한 모양이 되어버려
혹 세상은 모든 것이 이상한 각도로 되어있을까
나름의 의혹들로 가득 차지

알 수 없는 각도의 모형 속에
갇혀버린 나
빙글 돌아 버려

도저히 찾을 수 없는 세상의 각도 속에
여전히 맴돌고 있는 나는

어쩔 수 없는 세상 밖의 각도지

구름

공지천 산책로 벤치에 앉았다
호수 옆에 비스듬히 누운 나무들은
한창 물이 올라 도톰한 입술
진달래도 몽실하게 꽃망울을 머금고
물오리 세 마리가 호수 위로 날아오른다

구름 한 점 없는 하늘
뉴스에 뜬 황사 주의보
마스크를 쓴 소녀가 걸어온다
소녀는 산책로를 느릿한 걸음으로 접수한다
간간이 자전거를 탄 남자들이 지나간다

구름은 어디에 숨었을까
나는 찾지 못하고 하늘을 헤매고 있다

벤치에서 일어나 느리게 걸어본다
하늘도 느리게 따라온다
째깍거리는 소리가 귀 뒤에서 아우성친다
이 소리가 끝날 때쯤
구름이 얼굴을 내밀까?

공지천은 소리 없이 흐르고
날아오르던 오리들이 호수 위에 내려앉는다
구름도 시간을 재며
조심스럽게
내려앉고 있다

섬강에 가면 내가 흐른다

강물은 흐르지만
시간까지 가져갈 수는 없는 것
시간은
지금 여기 나와 함께 머물고

강가에 앉아 물속을 들여다보면
아이가 앉아 있고
슬픈 웃음이 있고
아직도 꿈을 꾸는 중년의 내가 있다

강물이 흐르듯 나도 흘러
여기 와 있는데
무엇이 아쉬워 선뜻 일어서지 못하나
섬강은 낮게 흐르고
알 수 없는 물길 속으로 내가 따라 흐른다

접시꽃 차

넓적한 것이 날 닮았어
생긴 것도 색깔도
어쩜 그리 당당하니

정열의 붉은 꽃은 뜨겁게 타오르고
꼿꼿한 대는 굽히지 않는 고집 같은 것
매끈한 너의 모습은 한여름 뜨거운 태양

이대로 보낼 수 없어
널 내 안에 가두어 두는 수밖에

꽃을 따 투명하게 말려서
찻잔에 담아
밤새 내린 이슬로 우려내면
정열의 꽃잎, 굽히지 않는 고집은
넉넉한 접시꽃으로
다시 피어난다

가을 햇살 닮은
- 지순양 님을 그리며

그녀의 순한 눈망울에
가을 햇살이 부딪혀 번져 간다
잠깐
이슬로 반짝이는 눈동자를 보았다

화폭에 담아 놓은 단풍, 맨드라미, 나비……,
노모의 얼굴, 대나무 숲, 백호……,

365일이 매일매일
기쁨, 의미, 행복, 보람이길 기도하며
인사를 건네던 사람

아이들의 연둣빛 눈빛과
스펀지 같은 마음밭
그 속에서 내 삶이 빛났다며
두 손 모으던 사람

돌아서는 그녀의 뒷모습에
그녀를 닮은
가을 햇살 한 줄기

소리 없이 내려앉는다

가시

웬만하면 둥글둥글
너도 밟고, 나도 짓누르고

뭉개지고 허물어져
벗겨진 자리마다 가지의 그루터기

그 자리에
뾰족한 가시들이 그들만의 집을 지었다

시간이 지날수록
가시가 성을 내어 찌르니

언제쯤이면
저 집이 둥글어질까

가시 하나 손에 들고
먼 산, 안개 위를 조심조심 걷는다

사랑, 고것 참

봄비가 내린 날
새벽에 살며시 돋아나는 잎사귀처럼

여름날 시원한 장대비 쏟아지고 난 후
기지개 켜는 해바라기처럼

기억의 저편 앙상한 나뭇가지 위에
아무도 몰래 사랑의 눈꽃이 피어났다

사랑, 고것 참
예쁘다

숙녀가 될래요

올여름에는
하얀 모시 원피스 하나 살래요
챙이 넓은 모자도 사고요
꽃무늬 천 가방 어깨에 두르고
바다로 떠날래요
포말로 밀려오는 파도와
발가락 사이에 부드럽게
파고드는 모래사장에
나를 남길래요

바람에 날리는
스카프도 하나 멋지게 매고요
바다의 교향곡
트럼펫 소리 황홀하게 들려와요

하얀 모시 원피스
바닷물에 물들어
바다인지 하늘인지
경계 그 어디쯤에서
교향곡 선율에 맞춰

마음껏 춤추고 있어요

올여름에는
하얀 모시 원피스 하나
꼭
살래요

말이 하는 말

말이 바람을 몰고 와 갈기를 휘날리며 내 귀에 가쁜 숨소리를 내뿜으며 묻는다. 족제비를 보았나요. 여우는 못 보았나요. 나는 나무꾼처럼 착한 마음으로 대답한다. 아니요. 족제비도 여우도 못 보았는데요. 혹시 보시면 전해 주세요. 꼬리를 잘라 가겠다고요. 그 작은 눈이 더 작아지게 할지도 모른다고요. 어쩌면 싯누런 혀도 잘라 갈지 모른다고요. 내 귓속에는 말의 바람이 몰고 온 가시가 가득하다. 나무꾼의 날개에 촘촘히 가시가 박힌다. 달팽이가 눕는다.

가을, 그 쓸쓸함

찬 바람이 싫어 옷을 껴입어도
마음속 헛헛함은 안개처럼 퍼져나간다
온몸을 감싸고 집 앞 골목을 지나
산 능선까지 덮어버린 이 쓸쓸함

공원 한 귀퉁이에 앉아
옷자락 속에 숨겨온 술병을 꺼내 들 때
나를 내려다보고 있는 플라타너스
-너도 쓸쓸하니?

어둠은 지독한 것
술잔에 담긴 것은 영혼에 반사된 빛
어둠 속에서 빛이 떨리고 있다
잔 속에 보이는 흔들리는 얼굴

동이 터 올 때까지 앉은 자리 그곳에서
말라버린 풀잎과 하나 되어
아침이슬로 사라지고만
가을……, 그 쓸쓸함

꽃들의 절규

- 위안부 피해자들을 기리며

언덕 위의 바람은 조용하고
내리쬐는 햇빛 더없이 포근한 어느 날
갑자기 우박이 쏟아졌다

아직 피지 못했거나
봉오리가 맺혀 있거나
활짝 핀 꽃들이 모두
대책 없이 고스란히 얻어맞았다

누가
왜
이곳에 우박을 쏟아 낸 것인지 알지 못하고
찢기고 너덜너덜해진 몸
지천으로 깔려있는데

몸 추스르지도 못한 채
겨우 몇 송이 질긴 명으로 살아남아
울음소리도 내지 못하고 질려있어

하늘을 탓할까

운명을 탓할까
여기 이곳에 피어난 것이 죄일까

세월이 흘러
우박 맞은 꽃들은 지고
다시 그 자리에 새로운 꽃이 피고

질긴 명 이어온 몇몇 꽃송이
다시 꽃으로 피어나고 싶다
다시는 알 수 없는 이유로 지고 싶지 않다
다시는 이 땅에 살고 싶지 않다

피맺힌 절규가 하늘을 찌른다

사막에 가자

등 굽은 낙타를 사
굳은살 배겨 부르튼 발 끌고
동여맨 얼굴 파묻고 비척거리며
휘몰아치는 모래비
가시 박힌 선인장
헛걸음도 괜찮아
오, 등 굽은 낙타는 저 혼자 떠나고
젖줄 흐르는 탯줄 한 가닥
온 힘 다해 부여잡은 손가락 사이로
모래 섞인 젖 한 모금 흘러 들어와도
걸러낼 줄 아는 신통한 그대여
아름다워 눈물 흐르는 사막에 가자
숨바꼭질하자 손짓하는
오아시스,
푸른 별 뿌려진
숨 막히는 사막에 가자

4부

바다의 대답이 듣고 싶어

겨울 바다에 가고 싶었어
잔잔한 파도 말고
거칠게 흰 물거품을 부수며
달려오는 바다가 보고 싶어서

그리고 묻고 싶었지
무엇이 정답인지
나는 갈매기는 알고 있는지 궁금했어

모래사장에 서서
미칠 듯 몰아치는 파도에 뛰어들고 싶었어
아니, 바다의 대답을 듣고 싶었지

대답 대신 들려오는 너의 웃음소리에
나는 더욱 쓸쓸해졌어
사는 건 다 그런 거라고, 그런 거라고
울먹이며 끝내 돌아섰어

전등사 오솔길에서

전등사 오르는 길옆으로
막걸리 파는 식당이 늘어서 있고
어느 한구석에서 거나하게 취해 있을
도편수를 찾아본다

내가 하는 사랑만이 진실이고
네가 하는 사랑은 거짓이라고
지금 사랑하는 것이 진실이고
떠나가면 거짓이라고

누구도 내가 되어보지 않았으면서
네가 되어보지도 않았으면서
증오만이 타오르는지
붉게 물든 오솔길

서로 다른 생각으로 만나
어긋난 사랑으로 상처가 쌓여
막걸리 한 사발로는 성이 차지 않아
한 주전자 들이키고 있을 사람아

아름드리나무는 말이 없고
바람은 잎을 흔들어 기억을 깨운다
내 사랑도 거짓일 수 있고
네 사랑도 거짓일 수 있다고

골목길

이상한 냄새가 골목길을 감싸고 있다
누렁이가 싸고 간 똥 냄새 같기도 하고
생선을 손질한 후 버려진 쓰레기통 속의
고약한 냄새 같기도 한데

아랫마을 복부인
명품 샤넬 향수를 뿌리면 뭣하나
비린내와 섞여서 더 고약한 냄새만 풍길 뿐
그들이 지나간 자리마다 구린내가 가득하다

구린내는 산동네 야트막한 집 갈라진 담 사이로
연탄가스 새듯이 소리 없이 스며들어
돌 틈 사이 제비꽃, 마당에 핀 토끼풀
그들의 숨,
다 가져간다

골목길에 청량한 바람 불어
비린내 날아가고
똥내 사라지고
향긋한 꽃 냄새 가득하면 좋겠다

그림자 깊은 어느 날
골목길 들어서는 아저씨 손에 들려있는
과자 한 봉지와 소주 한 병
울컥 속울음 터지는 밤이다

곱창구이

항아리 안에서 초벌구이한 후
뜨거운 석쇠 위에 올려진 곱창

맛있는 고기, 채소, 생선,
김 부장, 최 사장 꼭꼭 씹어 넣어
꽉 차 있던
속

연탄불 위에서 지글지글
기름 빼며 뒹구는 곱창이
내 속 빼내어 손바닥 비비는 꼴 같아
목구멍으로 넘기는 술이
쓰디쓰다

불 위의 곱창은
요란하게 구워지고
벌겋게 달아오른 연탄불 앞에서
술 탓인지 열기 탓인지
부끄러운 탓인지
얼굴이 화끈거려 돌아앉는다

첫 농사

명륜동에 내 땅이 생겼다
난생처음 씨앗을 뿌렸다
배추, 오이, 상추, 파, 옥수수, 땅콩
물을 줄 수 없어 하늘만 바라보고
비라도 오면 덩실덩실 춤추며
밭으로 달려갔다

배추는 벌레가 꼬여 우글우글하고
오이는 빼빼 말랐다
상추는 꽃이 피고
풀은 밭을 덮고 무성하게 자랐다
먹으려고 심은 고구마는 잎이 누렇게 뜨고
옥수수 키는 난쟁이가 되었다

아무나 농사짓는 것이 아닌가 보다

첫 농사의 설렘이 실망으로 떨어질 때
아침 해 반짝이는 이슬 머금은 풀 한 포기
나도 예쁘게 농사지어 달라 조른다

큰언니

보릿고개 넘어갈 때
어미젖은 말라비틀어져
빈 꼭지 물고 목 터져라 울었던 언니
강아지들같이
주렁주렁 달린 동생들의
분꽃 씨처럼 검은 눈망울들
밭매러 나간 엄마 대신
큰 언니 옷자락 잡고
누런 콧물 훌쩍이며 부엌문 기대서서
생솔가지 타는 연기에 흙강아지 되어
익지도 않은 감자 주워 먹다가
올챙이 배 덜컥 탈이 났다
병든 닭 졸듯 시름 거리는 동생에게
용기 내어 쌀 한 줌 씻어 뜨물 먹이고
별이 잠들 때까지 업어주던 큰언니
아홉 남매 큰언니
그중 키가 제일 작은 큰언니
등 굽고 머리 희어 팔순을 넘긴 지금도
언니 눈엔 아직도 흙강아지 같은 동생들
쓰다듬고 안아주고 비비면서

질겨진 아주까리 잎처럼 흔들리며 서 있다

나른한 오후의 길

길가에 누운 시든 풀 한 포기, 버려진 비닐봉지 안에 담긴 얼굴, 종이컵 속에 남겨진 먹다 남은 비곗덩어리, 찢긴 틈으로 새어 나오는 시큼한 냄새, 바퀴벌레 한 마리, 축축한 땅 위로 기어 나오는 지렁이, 지렁이 똥, 개미 똥, 무너진 흙더미 사이로 보이는 불개미 집, 나무뿌리 밑에 고추로 달린 매미, 맴맴 돌다가 어디로 갔을까, 춤추는 나비, 발레리나도 울고 갈 멋진 춤사위, 고추잠자리 시집이나 보내, 호랑이가 장가가나, 비가 내리고 있어, 대낮에 달은 왜 떠 있어, 해는 어디로 간 거야, 시퍼런 빛은 달빛이야 태양빛이야, 바람도 없는데 풀은 왜 흔들리지, 길 끝에 보이는 것은 맞닿아있는 땅과 하늘, 다가가면 다시 그 길, 그 하늘, 그 땅, 알 수 없는 길, 가도 가도 끝이 없는 길, 거기.

소문

정작 본인만 모르고
남들은 다 아는

스쳐 지나가며 눈인사 나눴더니
그 사람은 나의 내연남이 되어있고
웃으며 인사하기에 상냥하게 답했더니
여우가 되어있고

나 아니야 하고 소리쳤더니
강한 부정은
강한 긍정이라고
몰아붙이고

발 없는 말은
들불처럼
소리 없이 번져간다

세 치 혀

시퍼런 날을 세우고 어떻게 감추고 살았을까
제 살 제가 베어 핏물 뚝뚝 떨어지는데
비린내 나는 냄새는 어떻게 숨겼을까
순진한 눈동자를 하고 양처럼 다가와
눈앞에서 배냇짓을 한다
가슴이 베어져 뜨거운 것 울컥 올라와도
혀에 묶인 몸은 움직일 수 없다.
시퍼런 날이 신명을 더해간다
세 치 혀에 베어 거대한 몸통이 쓰러지고
여린 꽃잎이 허공으로 날아간다
내 손이 잘려져 나가도
모가지가 잘려 나가
분수처럼 하늘로 피가 솟구쳐도
저놈의 혀를 기어이 뽑아내 버려야 한다
비린내는 강가 언덕에 앉아 바람으로 씻고
손에 물든 피는 하늘에 씻자
핏물 번져 벌건 하늘
뽑힌 줄 모르는 세 치 혀가
활개춤을 추고 있다

사우나실 천장에 올라

섭씨 구십삼 도의 열기 속으로
가슴속 이백 도의 화기를 끌어안고
뜨거운 사우나실로
납작 엎드려 기어들어 갔다
하늘에서 퍼붓는 로켓탄인지
내 몸속 어딘가에 저장되어 있던
지뢰 뇌관이 터진 것인지
쉼 없이 흐르는 땀이
사우나실을 가득 채우고 있다
끊임없는 생각들은
둥글게 몸을 말고 있는 나를
적시고 있다
젖어 녹아버린 그 자리에
그림자 하나 떠오른다
사우나실 천장에 올라앉아
그 그림자
한없이 끌어안고 있었다

생의 경로를 재탐색하겠습니다

아들 면회 가는 길을 몰라
내비게이션으로 검색을 하고 길을 나섰다

초행길은 언제나 그렇듯 조심스럽게
좌우 살피며 운전을 하고 간다
조금 지나 차량이 늘자
내 귀는 길을 안내하는 내비게이션 속으로 빠져든다

차바퀴는 내 마음처럼 움직이지 않고
제멋대로 길을 벗어났다
순간 정지된 화면
경로를 재탐색하겠습니다, 하는 낭랑한 목소리

인생의 바퀴가
내 마음대로 움직여주지 않고 길을 잃었을 때
내비게이션이 경로를 재탐색해 준다면
다시 원위치로 돌아가 길을 찾을 수 있을까

몇 바퀴를 돌아 아들을 만나고 돌아오는 길
내 귀에 맴도는

낭랑한 내비게이션 소리
생의 경로를 재탐색하겠습니다

한 치 앞도 볼 수 없는

난 한 마리 꿩

기어가다 보면
머리 박고 숨을 수 있는
덤불 하나 있겠지

엉덩이야 하늘로 솟구치든 말든
내 눈에만 안 보이면 돼

날아가다가
또 누군가의 표적이 되면
머리 박을 덤불만 찾으면 돼

한 치 앞도 볼 수 없는
나는
한 마리 꿩이거든

마르지 않은 날개를 펴고

왜 내 어깨만 아픈 것이냐고
다른 이들 건장한 어깨가 부러워
부러움과 시샘의 눈길,
수 없이 보낸다
잠 못 드는 밤
하얗게 지새운 날들이 너무 많아
달력 속에 그려놓은 빨간 동그라미
하얀 밤을 덧칠한다
가슴에 바람이 들어와
풍선이 되어 가볍게 날아오른다
내 창으로 달이 쏟아지던 밤
그토록 아프더니
그토록 쓰라리더니
어깻죽지 사이에 날개가 돋았다
나는 작은 새가 되어
아직 마르지 않은 날개를 펴고
별빛 총총한 까만 밤하늘로 날아간다
통증이 새처럼 가벼웠다

꽃샘

기나긴 시간을 견디어낸 것은
이 시간이 지나면 꽃이 필 것이라는 믿음
간절한 바람이었다

꽃봉오리 활짝 피어나려는 순간
무슨 시샘이 이리도 센지
봉오리 끝에 달린 찬바람은 떨어지지 않는다

이른 봄꽃이 필 무렵
차디찬 널 만나는 것은 싫지만
너를 만남으로 더욱 화려한 잎을 펼 수 있는 것

찬 바람이 싫어
문 여닫을 때마다 온몸이 움츠러들지만
합장한 두 손을 꽃봉오리 위에 살며시 올려놓는다

사랑초

얼마나 많은 시간이 지나야
너처럼 예쁜 나비 잎을 가질 수 있을까
뿌리에 둥근 집을 짓고
수없이 많은 꽃을 피워내는
사랑초야
가녀린 너의 줄기 끝에
연보랏빛 꽃으로 피었다가
떨어뜨려 내고
또다시 뿌리로 가
나비 잎을 펴는
사랑초야
어둠이 내려와 네가 날개를 접기 전에
그 날개 속으로 들어가
한 송이 꽃으로 피어나고 싶다

벽 틈에 푸른 별이

마음이
바람에 날아가다가
벽 사이 틈에 끼었다

꼼짝없이 묶여 살다가
모든 것 놓자
속에서 잎이 돋는다
잎맥들은 질기게도 벽을 기어오른다

온통 푸른 잎으로 벽을 감싸자
대낮에 푸른 별이 떴다
틈새에서 바람이 인다
잎사귀들 일제히 하늘로 오른다

해설

코로나19 이후 시대를 기다리는 의미들

시인, 문학박사 송성헌

마음대로 해외여행도 갈 수 있었고, 올림픽 대회도 계획대로 할 수 있었다. 마음에 맞는 사람들끼리 식사도 같이 할 수 있었고, 대규모 집회에도 부담 없이 갈 수 있었다. 그러나 코로나19 시대가 되니 이런 것들을 제대로 못 하고 지낸다. 사람 사는 사회가 많이 달라졌다.

코로나 시대의 원인은 신체의 허약함에도 있지만, 그 혼란한 상황을 놓고 보면 정신의 허약함이나 병든 사회에도 있다.

자기가 자기 삶의 주인이 아닌 것이 허약한 정신을 보여주고 있다. 또한 삶의 내용이 너무 이기적이기 때문에 너와 나의 협력관계를 찾아보기 어렵다. 사회도 건강하지 않다.

개인과 사회가 가지고 있는 많은 문제가 모두 코로나 시대의 혼란한 상황으로 이어지고 있다. 이런 내용을 오선민 시에서 찾아볼 볼 수 있다. 그뿐만 아니라, 코로나19 시대의 혼란을 빨리 끝낼 수 있는 정신적 가치를 보여주고 있다.

인간이 어떻게 훼손되지 않은 정신의 본성을 회복할 수 있을까, 어디서부터 위기를 극복할 수 있는 정신의 가치를 찾을 수 있을까, 그리고 무엇이 인간을 행복하게 하여 건강한 사회가 될까에 대한 답을 주고 있다.

1. 혼란한 시대적 상황

인간의 정신적 혼란 상황은 좀비의 인생과도 비교된다. 주변에 맴돌고 있는 사람들을 보면 이들 중에는 자신의 삶을 잘 통제하지 못하고 있는 사람들이 있다. 이것은 내가 내 인생의 주인이 아니거나, 내 인생에 네가 없다는 것을 나타낸다.

> 똑같은 걸음걸이/ 똑같은 보폭/ 똑같은 행렬로 줄지어 돌고 있는데/ 벌건 대낮에는 뭘 하다가/ 해 저문 이 시간에/ 저리 돌고 있을까// 속죄하는 마음으로/ 열 번 스무 번/ 동그란 원을 돌며/

비척비척 걷고 있는 것일까// 좀비처럼 돌고 있던/ 그들의 눈이/ 희번덕거린다/ 아무래도 공원의 그들이 수상하다

– 시 「공원의 그들이 수상하다」 중에서

그들은 눈을 희번덕거리기도 한다. 왜 그럴까, 타력에 의해 내 인생이 반복되고 있기 때문이다.

타력의 정체는 무엇일까, 좀비의 인생은 내가 일방적으로 타력에 의해 반복되고 있음을 보여준다. 자기의 삶을 통제할 수 없게 된 허약한 정신의 실상을 이렇게 표현하고 있다.

정신이 허약한 것은 내 인생이 타력에 의해 움직일 수밖에 없는 것 외에도 내 인생을 움직이고 있는 내가 없기 때문이다. 내 인생을 내가 왜 못 움직이고 있는지 시 「이방인」에서 이야기하고 있다.

이 시에서 내 인생에 내가 주인공이 되어 있지 못한 것을 볼 수 있다. 그렇다고 내 인생이 다른 사람에 의해 매개가 되어 움직이고 있는 것도 없다. 다만 나에게서 내가 빠져 있고, 또 나에게서 다른 사람들의 의미가 빠져 있다.

이와 같은 내용은 코로나19 시대에서나 볼 수 있는 정신적 황폐함과 많이 일치한다. 시 「나른한 오후의 길」이나 「녹슨 자화상」이나 「하루」나 「강가에서」 등, 내 인생에서 내가 빠져 있는 이 시대인들의 현주소를 보여주고 있다.

시 「나른한 오후의 길」에서는 '시든 풀 한 포기 버려진 비닐봉지, 먹다 남은 비곗덩어리 시큼한 냄새, 바퀴벌레 한 마리'와 같이 표현하였다. 누군가 그 일에 책임이 있을 텐데 누구도 그 일에 당사자가 아니라는 것을 보여준다.

춤추는 나비, 발레리나도 울고 갈 멋진 춤사위, 장가가는 호랑이도 있다. 하지만 대낮에 달은 왜 떠 있는지, 해는 또 어디로 간 건지, 시퍼런 빛은 달빛인지 태양 빛인지 나는 그 일에 대해 아는 바가 없다.

내가 더 깊게 부딪혀가야 할 삶이 실종되어 있다. "다가 가면 다시 그 길, 그 하늘, 그 땅, 알 수 없는 길, 가도 가도 끝이 없는 길, 거기." 거기 구경하는 위치에서 주어진 삶의 주인이 되는 것을 포기하고 있다.

시 「녹슨 자화상」을 보면 과거의 기억을 되살리려고 하지만, 과거를 구경하면서 바라보고 있을 뿐이다. 현재 상황에도 마찬가지다. 현재 상황에 내가 어떻게 반응하고 있는지, 그런 대답이 없다.

> 있다면 그 하루는/ 얼마만큼의 시간이라 할 수 있는지/ 내가 잠자는 그 시간도 하루/ 깨어있는 그 시간도 하루인지// 하루살이의 일생이/ 나의 하루와 같다면/ 하루 동안 생로병사 겪는지/ 희로애락도 느끼는지

– 시 「하루」 중에서

인생이 그저 그렇고 그러니 하루살이의 일생이나 사람들의 인생이나 뭐가 다를까 그저 그런 것이 현재를 더 혼란스럽게 하고 있다는 것을 이야기하고 있다.

시 「강가에서」를 보면 헛된 생각이 더 잘 나타나 있다. 나도 나를 잘 모르면서 끝없이 살아가고 있다.

인생은 어떤 사건을 겪으면서 그 사건을 해결하는 능력을 보여주고 있을 때 의미가 있다. 인생은 자기에게 있는 가치를 통해 다른 사람들에게 봉사하는 일이다. 그런데 타력에 의해서 끊임없이 내가 돌아가고 있으니 정신이 얼마나 허약해져 있는지를 보여준다.

허약한 정신을 가지고 살아가고 있는 사람들은 더 쉽게 좌절하고 있다. 시 「파도와 춤추다」가 그 흔한 좌절의 모습을 보여주고 있다.

> 밀려오는 파도는/ 어쩌면 이곳 육지에서 밀어내는 껍데기일지 모른다/ 욕망, 좌절, 분노를/ 돌돌 말아 자꾸만 바다로 쓸어 넣는다/ 거부하며 바다가 토한다/ 거품 물고 모래밭에 파도가 쓰러진다
>
> – 시 「파도와 춤추다」 중에서

파도가 육지의 껍데기를 보여주고 있다면 그 껍데기들은 무엇인가. 육지의 껍데기에 나타나 있는 것들을 보면 욕망, 좌절, 분노 이런 것들이다. 껍데기로서 좌절과 분노

들이 끊임없이 바닷속으로 들어가고 있다. 이렇게 좌절과 분노가 많이 나타나고 있다.

분노와 좌절은 쉽게 종결되지 않고 있다. 그것은 다시 사람들이 쓰고 있는 언어에서 나타나고 있다. 그래서 말이 말을 따라 오염되고 있다. 언어가 어떻게 오염되어 있는지 시 「말이 하는 말」을 통해서 이야기하고 있다.

> 나는 나무꾼처럼 착한 마음으로 대답한다. 아니요. 족제비도 여우도 못 보았는데요. 혹시 보시면 전해주세요. 꼬리를 잘라 가겠다고요. 그 작은 눈이 더 작아지게 할지도 모른다고요. 어쩌면 싯누런 혀도 잘라 갈지 모른다고요. 내 귓속에는 말의 바람이 몰고 온 가시가 가득하다.
>
> – 시 「말이 하는 말」 중에서

누군지 그 사람의 작은 눈은 더 작게 하려는 시커먼 생각이 말에 들어있다. 꼬리는 잘라버릴 것이고 싯누런 혀도 잘라버리겠다니 말은 얼마나 가혹한 것으로 바뀌어 있는가. 말에서 무기보다 더 심한 것이 나오고 있다. 그 타락의 정도는 말로 표현할 수가 없다.

사람 쓰는 언어는 그렇다 치고, 사회는 건강한가, 정치는 잘 되고 있는가, 그러나 사회나 정치의 사정도 좋지 않다. 미사일을 발사하면서 중앙집권적인 권력으로 타락의

심각성을 보여준다.

민생은 외면하고 권력을 중앙으로 집중시키고 있으니, 혼란함을 일으킨 것은 허약한 인간의 정신보다 정치에 더 큰 책임이 있다. 시 「부석사 천왕문」에는 하늘에다 미사일을 쏘고 있는 정치적 현상이 표현되어 있다.

정치는 그렇다 하고 그러면 사회 운영 체계는 어떤가, 여기서도 구린내가 나긴 마찬가지다. 유람선과 같이 큰 배를 띄울 때는 평형수를 충분하게 담아서 가야 한다. 그런데 돈을 좀 더 벌겠다고 평형수를 충분히 담아가지 않고 있다. "가진 이들의 욕심으로 유람선이 가라앉고"와 같이 끝내 터질 것이 터지고 말았다. 돈을 벌기 위해 법과 제도에 마련된 규정도 안 따르고 있으니 사회제도는 있으나 마나다.

기업도 봉사의 차원에서 고객과 거래하고 있지 않다. 이런 내용들이 시 「부석사 천왕문」에 한꺼번에 들어있다.

허약한 정신이나 취약한 사회의 현실을 통해서 오늘날 사람들은 신체적인 고통과 정신적 고통을 겪고 있고 문란한 현실을 만나고 있다.

그러니까 코로나19의 시대는 바이러스만 퍼져서 신체를 꼼짝 못 하게 하고 있는 것이 아니라, 정신과 사회 현실도 허약해져서 삶의 가치를 떨어트리고 있다. 이런 내용을 모두 오선민 시가 보여주고 있다.

2. 시련을 통한 성장

시련이 오면 좌절하거나, 그 위기를 회피하게 된다면 인간의 정신은 더 허약해진다. 그러나 시련을 주고 있는 상황에 맞서 그것을 해결하려고 한다면, 그 시련을 통해 인간의 능력은 향상한다. 이런 내용을 시 「큰언니」에서 볼 수 있다.

> 생솔가지 타는 연기에 흙강아지 되어/ 익지도 않은 감자 주워 먹다가/ 올챙이 배 덜컥 탈이 났다/ 병든 닭 졸듯 시름 거리는 동생에게/ 용기 내어 쌀 한 줌 씻어 뜨물 먹이고/ 별이 잠들 때까지 업어주던 큰언니/ 아홉 남매 큰언니/ 그중 키가 제일 작은 큰언니/ 등 굽고 머리 희어 팔순을 넘긴 지금도/ 언니 눈엔 아직도 흙강아지 같은 동생들/ 쓰다듬고 안아주고 비비면서/ 질겨진 아주까리 잎처럼 흔들리며 서 있다

– 시 「큰언니」 중에서

먹을 것 부족한 순간이 큰언니에게 용기를 주었다. 그래서 쌀 한 줌 씻어 그 물을 동생들에게 먹일 수 있었다. 또 별이 잠들 때까지 아이들을 업어 재울 수 있었다. 그 결과 아이들을 보살피는 능력이 자랐다. 그런 환경 속에

서는 어머니에 대한 이해가 더 깊어진다. 그 결과 다른 사람들에 대한 이해도 더 넓어진다.

시련을 통해서 사람들은 보살피는 능력이나, 사람들을 이해하는 마음이 더 깊어지고 있다. 하지만 이것을 포기하고 싶은 순간도 있다. 이런 내용을 시「첫 농사」를 통해서 표현했다.

첫 농사를 지었다. 그 결과 배추는 벌레가 꼬여 우글우글하고 오이는 빼빼 말랐다, 상추는 꽃이 피고 풀은 밭을 덮고 무성하게 자랐다. 먹으려고 심은 고구마는 잎이 누렇게 뜨고 옥수수 키는 난쟁이가 되었다.

농사의 실패는 그냥 아무것도 아닌 실패일 수 있고 그래서 아무나 농사짓는 것이 아니라는 깨달음으로 지나칠 수 있다. 하지만, '이슬 머금은 풀 한 포기 나도 예쁘게 농사지어 달라 조른다'라고 하는 소리가 좌절한 마음을 일깨우고 있다.

이것은 농사를 지으면서 일어나는 일이지만, 삶을 농사짓는 일에 비유해보면 거기엔 내가 포기하고 싶은 순간이 있고, 또 포기하지 않고 그 일과 맞서게 하는 희망의 순간이 있다.

일의 진행은 항상 성공과 일치하지 않는다. 실패를 통해서 그 일에 더 익숙해지고 그 일을 다룰 수 있는 요령도 숙달된다. 따라서 실패나 시련은 누구에게나 기회로 다가오고 있다.

시련이 사람을 불행하게 하는 것이 아니라, 그 시련을

피하는 것이 오히려 인간을 불행하게 한다. 잠깐 동안은 그것을 기억하고 싶지 않은 순간이라고 생각하고 있지만, 꽉 짜인 인생의 그림에서 보면 그것은 단순한 실패의 순간이 아니라 학습이 일어나고 있는 순간이다.

이런 내용은 더 구체적으로 시 「달이 차오를 때까지」를 통해서 표현했다.

둥그렇게 꽉 차기까지
사연이 얼마나 많았을까
말로 다 하지 못하고
눈물 찍어 내지 못하고
가슴 찧어 퍼렇게 멍든 얼굴

끊임없이 공전하며
삶의 옹이도 도려내고
굳은살 박인 심장도 둥글게 깎고
비웠다가 채웠다가
삭망을 오간 세월

미처 채우지 못한 것들
너의 빛으로 하나둘
채워지기 시작하면

— 시 「달이 차오를 때까지」 중에서

보름달같이 따뜻한 얼굴이 되기 전에 시련을 겪기도 한다. 시련을 이기고 나면 내 인생에 내가 주인이 되는 일도 이루어진다. 내 인생에 나만 참여시키는 것이 아니라 나와 다른 사람들을 함께 참여시키면서 좀비의 삶을 청산하는 일이 일어난다.

사람이 보름달과 같은 모습을 닮기 위해 개인적인 의지가 필요하다. 하지만 시련을 기회로 받아들이는 것이 필요하다. 삶에 맺혀있는 옹이도 도려내고, 굳은살 박인 심장도 둥글게 깎는 과정이 필요하다. 그와 같이 가슴을 찧으면서 퍼렇게 얼굴이 멍드는 고초가 있었지만, 그 고초를 통해서 보름달과 같이 보기 좋은 얼굴이 된다.

정신이 허약해지면 신체도 허약해진다. 하지만 내게 온 시련의 시간을 기회로 받아들인다면 그 허약함을 극복할 수 있는 길이 열린다. 이런 내용을 읽어볼 수 있다.

3. 선한 본성의 회복

코로나19 시대 이후는 어떻게 될 것인가, 이 시대가 더 악화되어 통제 불능의 상태에 이르게 될 것인가, 아니면 점차 이 상황을 끝내게 될 것인가, 둘 중의 하나가 우리를 기다리고 있다.

이제 이 혼돈의 시대를 끝내야 한다. 그러기 위해서는 혼돈을 통제할 만한 신체적 정신적 능력이 필요하다. 인간의 선한 본성을 회복하면 이 문제가 좀 더 쉽게 풀릴 것이다.

인간은 속되지만, 자연은 여전히 속되지 않다. 따라서 자연과 교감하면서 자연의 때 묻지 않은 부분을 배워야 한다. 속된 성품을 속되지 않은 자연의 것으로 대신하면서 선한 본성을 회복할 수 있다.

오선민은 자연과 어떻게 교감할 수 있는지는 시 「해국」과, 시「추억을 외면하다」를 통해서 보여주고 있다.

해국을 보면 사람이 웃고 있는지 해국이 웃고 있는지 구분이 되지 않는다. 그러나 「해국」이 보여주는 웃음은 사람으로부터 느끼는 웃음보다 더 순수하다.

시 「추억을 외면하다」에 아카시아꽃을 보면 보는 사람이 아름다움을 느낄 수 있다. 또 마음 깊은 곳에 자리 잡혀 있는 순수한 마음을 움직여 반응하도록 한다.

> 길옆 아카시아/ 등 토닥이며/ 향기를 주고// 수
> 줍은 찔레꽃/ 앉아서/ 웃음을 던져주고

– 시 「추억을 외면하다」 중에서

아카시아와 사람 간에는 많은 차이가 있다. 양분을 얻는 방법이 다르다. 소통의 방법도 다르다. 하지만, 사람은 아카시아꽃에서 좋은 향기를 얻고 있다.

찔레꽃도 수줍은 웃음을 웃고 있다. 이렇게 아카시아꽃

향기이며 찔레꽃 웃음이 인간에게 와서 순수하고 선한 마음을 일깨워주고 있다. 사람으로부터 얻은 향기와 웃음 못지않게 자연물로부터 얻은 것이 인간에게 많은 변화를 준다.

건강하지 않은 내면에서는 그 무엇도 기대할 수 없다. 하지만, 반대로 인간의 본성이 선하게 회복된다면, 선한 본성에 맞는 가치와 목적이 나타나 인간의 삶을 건강하게 이끌어 줄 수 있다.

자연을 통해서 웃음을 배우고 그의 삶에서 향기가 나게 된다면 인간도 자기 삶에서 그런 향기가 나는 가치와 목적을 찾을 수 있을 것이다. 이처럼 자연의 순수한 표정을 통해 인간의 선한 본성을 회복할 수 있다는 것을 보여주고 있다.

자연과의 교감을 통해서뿐 아니라 부모와 자식 간의 관계를 통해서도 선한 본성을 회복할 수 있다. 자녀에 대한 부모의 사랑이나, 부모에 대한 자녀의 사랑은 가장 인간다운 선한 것을 보여준다.

자녀에 대한 어머니의 사랑이 어떤 것인지 시 「잠두 마을」을 통해서 볼 수 있다.

> 팔십 평생 허리 굽어지도록/ 살아오신 어머니/ 누에처럼 뽕잎만 먹어 푸른똥을 누고/ 고치 되어 실만 뽑으셨나보다// 번데기로 변해버린 까칠한 손으로/ 일곱 남매 먹이려/ 아직도 누에처럼 실

> 을 뽑으시는 어머니/ 오늘 밤은 나비 되어 하늘을 나는 꿈을 꾸실까
>
> – 시 「잠두 마을」 중에서

어머니가 팔십 평생 살아오시면서, 일곱 남매 먹이려 누에처럼 실을 뽑으셨다. 일곱 남매 먹이려 손이 까칠까칠해진 데서 자녀들에게 사랑을 쏟아붓고 있는 어머니의 모습을 볼 수 있다.

한편 자녀가 어머니에게 대하는 데서도 마찬가지로 인간의 선한 모습이 잘 나타나 있다.

> 넓지 않은 탕 안/ 욕조 안에서 노모를 안고 있는 딸/ 노모는 아무런 표정 없이 딸에게 안겨 있고/ 딸은 아기에게 젖을 물리는 모양새로 엄마를 안고 있다// 눈을 감고 입을 벌리고/ 말라버린 낙엽처럼 바스락 소리가 날 것 같은/ 그 얼굴에 딸은 뺨을 비비고 입술을 갖다 댄다/ 마른 풀 향기가 물 위에 번진다
>
> – 시 「목욕」 중에서

인간에게 있는 선한 가치는 쓰면 쓸수록 그것이 잘 보존되고 쓰지 않으면 없어지고 만다. 어머니의 얼굴에 뺨을

비비고 입술을 갖다 대고 이런 표현을 통해서 인간의 선한 가치가 녹슬지 않게 선하게 쓰이고 있는 것을 보여주고 있다.

오선민의 시는 자연과 교감을 할 때 인간의 마음이 때묻지 않게 회복할 수 있다든지, 자녀에 대한 부모의 사랑과 자녀의 효도를 통해서 인간의 선한 본성이 회복할 수 있다는 것을 보여준다.

이렇게 회복된 선한 가치가 사회의 기반이 된다면 정치도 국민을 편안하게 하고 기업인들도 이윤보다 소비자의 안전을 먼저 생각하게 될 것이다. 또한 꼬리를 잘라버리겠다는 것이나 싯누런 혀도 잘라버리겠다는 이상한 말들도 점차 사라져 볼 수 없게 될 것이다. 그런 기대를 해볼 만하게 한다.

4. 사랑의 힘

사랑을 통해서는 사회가 더 밝아진다. 사랑은 순수한 인간관계를 통해서 결실을 맺는다. 내 감정을 충분히 표현할 수 있고, 상대도 거기에 맞게 호응하면서 서로 사랑하는 관계가 이루어진다.

사랑의 관계는 일방적으로 이루어지는 것이 아니다. 시 「전등사 오솔길에서」 사랑은 상호관계를 통해서 이루어진다는 것을 보여주고 있다.

전등사 오르는 길옆으로/ 막걸리파는 식당이 늘어서 있고/ 어느 한구석에서 거나하게 취해 있을/ 도편수를 찾아본다// 내가 하는 사랑만이 진실이고/ 네가 하는 사랑은 거짓이라고/ 지금 사랑하는 것이 진실이고/ 떠나가면 거짓이라고

– 시 「전등사 오솔길에서」 중에서

사랑의 관계는 지식의 양보다는 양질의 마음이 필요하다. 사랑은 물질의 양이 아니라 서로 소통할 수 있는 시간의 양으로 이루어져 있다.

내가 하는 사랑이 진실이고 네가 하는 사랑이 거짓이라면 여기서 사랑의 관계를 찾아보기 어렵다. 이 시에 도편수와 같이 기술이 있는 사람이 자기 관심사인 집 짓는 기술만 이야기했다면 서로에게 필요한 공동 관심사에 이르기가 어려웠을 것이다.

그 지식이 상대에게 도움이 되면 그 관계가 진전되지만 그렇지 않으면 상호관계가 이루어지기 어렵다. 내가 아는 만큼 이야기하면 상대의 이야기도 들어야 하고, 그리고 내 이야기가 중한만큼 상대의 이야기도 중한 줄 알아야 한다. 인간이 가지고 있는 공동의 감정을 교감해야 사랑의 관계도 실패하지 않는다는 것을 이 시가 보여준다.

물질적인 것으로 상대를 압도해도 사랑의 관계가 이루어지기 어렵다. 물질이 인간관계에 장애가 될 수 있다는

것을 시 「골목길」을 통해서 이야기하고 있다.

> 아랫마을 복부인/ 명품 샤넬 향수를 뿌리면 뭣하나/ 비린내와 섞여서 더 고약한 냄새만 풍길 뿐/ 그들이 지나간 자리마다 구린내가 가득하다
>
> – 시 「골목길」 중에서

상대가 물질적으로 어려운 것을 보고 도와주면서 서로 좋은 관계가 이루어진다. 그러나 단지 물질로 자기를 치장하거나 그것으로 자신을 과시한다면 사랑의 관계가 이루어지기 어렵다.

물질로 만든 냄새는 사람한테서 나오는 향기와 다르다. 물질로 포장된 냄새를 사람의 감정적 향기와 비교해본다면 그건 구린내와 다를 바 없다.

만족한 대화가 이루어지려면 일방적으로 자기에게만 유용한 지식이 아니라 또 복부인처럼 그것만 아는 돈이 아니라는 것을 이야기하고 있다.

사랑하는 관계를 위해선 재주보다는 순수한 마음 그리고 물질보다는 나와 상대가 공감할 수 있는 감정이 필요하다. 그런 감정은 한쪽에서 표현하지만, 그것은 또한 상대편에서도 표현하고 있다. 서로 상호 작용하면서 사랑하는 관계가 이루어지는데, 오선민은 사랑하는 관계를 위해서 더 특별한 감정을 이야기하고 있다.

너와 나는/ 모래 속에 발이 묶여 뱅뱅 도는/ 날지 못하는 갈매기일지도 몰라// 소리 내 울고 싶으면/ 바다를 두드려/ 금빛 펼쳐진 물 위에 음표를 그려봐// 파도 소리에 맞춰/ 왈츠를 추면/ 노을 지는 수평선 위로 두둥실 배가 뜰 거야

– 시 「바다를 두드려 음표를 그려봐」 중에서

이 시는 그리워하면서도 서로 만나지 못하고 있는 상황을 특별한 감정으로 표현하고 있다. 이 감정에는 다만 아름다운 관계가 이루어지기를 바라는 희망이 들어있다. 물질이나 지식에 한정되지 않은 특별한 감정을 통해서 너와 내가 아름다운 관계로 맺어질 수 있다.

사랑의 감정은 사람들에 대한 원한의 감정과 같이 나쁜 감정이 아니다. 사랑의 감정은 행복한 것을 경험하도록 한다. 불쾌한 감정은 무질서와 혼돈을 불러들이지만, 행복한 감정은 질서와 정신의 건강함을 불러들인다.

여름날 시원한 장대비 쏟아지고 난 후/ 기지개 켜는 해바라기처럼// 기억의 저편 앙상한 나뭇가지 위에/ 아무도 몰래 사랑의 눈꽃이 피어났다// 사랑, 고것 참/ 예쁘다

– 시 「사랑, 고것 참」 중에서

이처럼 사랑 그것은 참 인간에게 유익하다. 왜. 사랑은 더 이상 파괴가 아니기 때문이다. 사랑은 상대의 필요에 내가 반응하게 한다. 그뿐만 아니라 서로의 필요에 서로가 반응하게 한다. 사랑은 오직 아름답게 상대와 맺어지고 싶은 온전한 반편이 되도록 한다. 인간관계에서 더 행복한 것을 얻을수록 이 사회는 더 건강해질 수 있다.

코로나19 시대는 신체적으로 건강해져야 빨리 지나갈 수 있다. 하지만 정신적으로 건강해져야 신체도 건강해질 수 있다. 정신적으로 건강해질 수 있는 길을 오선민 시가 보여주고 있다.

바다를 두드려
음표를 그려봐

초판 1쇄 발행 2021년 7월 14일

지은이 오선민

펴낸이 임병천
펴낸곳 책나무출판사
출판신고 2004년 4월 22일 (제318-00034)

주소 서울시 영등포구 신길3동 325-70 3F
전화 02-338-1228 **팩스** 0505-866-8254
홈페이지 www.booktree.info

ISBN 978-89-6339-674-3 03810

*2021년 원주문화재단 문화예술지원사업에 선정되어 발간되었습니다.